AF315260

L 27
n. 19401.

LETTRE

DE

MR. J. S. TAVARES

à ses Créanciers du 6 Mars, 1841.

Londres, le 6 Mars, 1844.

M.

UNE catastrophe inattendue vient de frapper d'un coup fâcheux, les mesures que j'avais prises pour répondre, comme j'ai toujours répondu, à la confiance dont vous m'avez honoré. Je ne doute point un instant des dispositions de votre cœur pour regarder le malheur, comme il doit être regardé, c'est-à-dire, avec *compassion* et avec *respect;* mais je ne doute point non plus que vous ne pourrez jamais le regarder sans la plus juste indignation, si vous le reconnaissiez évidemment comme le juste châtiment de la mauvaise foi ou de la fourberie. N'ayant donc pas encore dans ce moment d'autres espoirs à vous donner pour la réparation du tort que mon malheur vient de vous causer, je crois devoir vous prévenir, par le récit ci-après, contre quelque jugement que vous seriez tenté de porter contre ma bonne foi, ou contre mon honneur. Le voici:

Une suite de malheurs et de revers, dont le récit serait aussi long qu'inutile pour le cas présent, avait rendu ma position à Fontenay-aux-Roses, dans le courant de l'année dernière, on ne peut plus difficile; et ayant déjà mis en jeu, et presque épuisé toutes mes réssources, je me trouvais enfin à-peu-près décidé à m'associer avec quelqu'autre chef d'établissement d'éducation, du même genre, en faisant valoir pour cela *ma noble* et *riche clientelle*, et mon *mobilier aussi complet* qu'on ne le trouve pas facilement égal dans les autres établissemens les mieux montés. C'était précisément dans le moment que ces pensées roulaient dans ma tête (dans le mois de Juin dernier), et avant même de les avoir communiquées à personne, que le Très-Honorable Prince Joseph de Chimay, fondateur et propriétaire du Prytanée de Menars, ayant toujours présens les services que je lui avais rendus pour la réussite et prospérité de son œuvre, dès le 24 Décembre 1836 jusqu'au 31 Août 1838 ; et plus encore étant poussé par le cri génerale que ce serait seulement ma présence au Prytanée qui pourrait lui gagner et de la tranquillité et des espoirs qu'il avait cherchés en vain, par d'autres moyens, dès le commencement de sa fondation en 1831, s'est adressé à moi par l'entremise de M. A. A. Blanchon, Professeur de Commerce au Prytanée, à fin de tenter, déjà pour la troisième fois, *la jonction des Etablissemens de Fontenay-aux-Roses et de celui du Prytanée de Menars, dans un seul à Menars.*

La réponse que je lui ai fait donner (dans les derniers jours du mois de Juin, ou dans les premiers du mois de Juillet derniers) a été : que l'occasion était *bien plus favorable que les deux précédentes ; et que s'il était disposé à faire quelque sacrifice pécuniaire pour ma liquidation à Fontenay, il fallait entamer la négociation sur le champ : autrement on ne devait plus y penser.*

Après cette réponse, quelques jours se sont écoulés en profond silence ; mais le 16 Juillet, quand je n'y pensais plus, M. A. A. Blanchon s'est présenté à Fontenay en qualité de négociateur. La première question que je lui ai adressée, a été : *Le Prince est-il décidé, ou non, à faire un sacrifice pécuniaire ?....S'il l'est, allons nous occuper de l'affaire qui est très pressante ; si non, alors n'en parlons plus,*

*et donnez-moi des nouvelles de votre excellente famille,
et de ce beau pays-là.* M. Blanchon m'a répondu :
*oui ; il est disposé à cela ; dites-moi le montant du
sacrifice qu'il a à faire. Au moins* 60,000 *francs,* lui
ai-je répondu, *et je devrai les toucher au comptant à la
signature du contrat.—Mais vous avez un mobilier considérable et d'une très grande valeur, et dont une partie
trouvera bien sa place au Prytanée,* m'a dit M. Blanchon—*c'est encore sur mon mobilier* lui répondis-je
*que j'aurai à prendre ce qu'il faudra, peut-être,**
encore ajouter aux 60,000 *francs pour compléter ma
liquidation, et pour sortir d'ici en homme d'honneur.*
Cela s'est passé à Fontenay, le 18 Juillet.

M. Blanchon, ne s'est pas effrayé de ce que j'exi-
geais une latitude de 80 à 90,000 francs pour ma liquidation ; et sans y faire la moindre réflexion, ni
donner la moindre indice de ce que la négociation
serait manquée par ce motif, il s'est chargé d'écrire
au Prince immédiatement ce jour même, en lui envoy-
ant aussi un petit croquis, que je lui ai remis, contenant en différens articles *ce que je pourrais valoir
pour le Prytanée, ce que je devais couter au Prytanée
et ce que le Prytanée devrait devenir sous ma direction.*
Tandis qu'on a attendu la réponse du Prince, qui se
trouvait alors à Chimay, M. Blanchon s'est occupé de
faire un brouillon de traité entre moi et le Prince ;
car, je lui répétais à tout instant, que cela ou *devrait
se faire en très peu de jours, ou y renoncer pour toujours ; moi me trouvant extrêmement pressé, et sans
pouvoir disposer d'un instant pour faire de la diplomatie
avec personne.* Il a fait deux brouillons, tous les
deux selon les bases prises.

Le 22 Juillet, la réponse du Prince est arrivée à
Fontenay, où le Prince supposait M. Blanchon logé.
Voici ce qu'il a répondu : " *Toute ma bonne volonté*

---

* J'ai fait voir à M. Blanchon l'impossibilité dans laquelle
je me trouvais de pouvoir dire au juste le montant de ma liquidation.

1*

doit échouer devant une seule condition, celle de 60,000 francs ; vous savez aussi bien, si non mieux que personne, si je puis songer encore à de pareilles éventualités." Ensuite, sans jamais diré qu'il serait disposé à faire quelque sacrifice tout petit qu'il fût, il ajoutait qu'à cause des *grands avantages de cette jonction des deux établissemens, c'était M. Tavarès et ses amis qui devraient en faire les frais.*

Lorsque j'ai vu cette réponse, si contraire à ses antécédens, je suis allé à Paris faire mes adieux les plus solennels à la négociation devant M. Blanchon, et M. Moyne (ancien précepteur du Prince et alors actuel administrateur du Prytanée) que M. Blanchon m'avait annoncé à Paris pour aider à la négociation : mais, pour mon malheur, je n'ai pu résister à l'opposition que tous les deux m'ont faite, M. Moyne, en me disant : *"Le Prince peut, et le Prince doit faire le sacrifice de 60,000 francs, autrement c'est fait de son Prytanée. Je vais lui écrire aujourd'hui même ; et mardi prochain vous pouvez être sûr de la réponse qu'il nous faut**"—mais surtout Mr. Blanchon, en me disant : *"Eh bien, en supposant, comme vous voulez le croire, que le Prince ne fera pas les sacrifices, une association les fournira ; et je suis autorisé par M. l'Abbé Dessessarts (premier grand Vicaire de Blois), comme Président de la Commission Episcopale qui a pris le Prytanée sous son patronage, pour vous le dire ; et sera lui-même avec les autres membres de la commission qui feront, au moins partie de cette association."*

Comment pourrais-je m'empêcher d'attacher la plus haute importance à cette déclaration de M. Blanchon, mettant en scène un Ecclésiastique tel que M. l'abbé F. Dessessarts ?....Après une petite résistance encore, je me suis enfin décidé à partir immédiatement pour Blois, pour bien m'assurer de ce que

---

* J'avais exigé que la réponse du Prince, pour être valable pour moi, fût accompagnée et de la procuration pour faire le traité devant le notaire, et du crédit de 60,000 francs pour être touchés au moment de la signature.

c'était; mais ne pouvant le faire le même jour, parce qu'il était déjà tard, je suis parti le lendemain matin (le Dimanche 23 Juillet) avec M. Blanchon pour Blois, non seulement pour m'entendre avec M. Dessessarts, mais aussi pour voir si le Prytanée se trouvait ou non, en état de pouvoir recevoir les élèves de Fontenay sans besoin de frais au-dessus des moyens que je pourrais en avoir : et toujours avec l'intention de me retrouver à Paris le mardi soir, pour voir la réponse du Prince à M. Moyne.

Le soir, étant arrivés, à Blois, nous y trouvâmes M. l'Abbé Mavré, Directeur-général du Prytanée, et cousin de M. Blanchon, et nous sommes allés trouver immédiatement M. Dessessarts, qui, *sans rien nier de tout ce que je lui ai exposé sur le sujet de mon voyage*, a décidé que je devrais aller le lendemain visiter le Prytanée pour juger s'il était en état de supporter la jonction sans grands frais ; et que le soir en pleine séance de la commission, on déciderait ce qu'il y avait à faire.

Tout cela s'est exécuté. Le lendemain (Lundi) je suis allé visiter le Prytanée, où je fus reçu par les anciens professeurs et élèves de mon temps, et par tous les habitans de Menars, d'une manière la plus honorable, et toute pleine de souhaits les plus sincères de mon retour au Prytanée pour en être le *sauveur*. J'ai fait ma visite, et j'ai trouvé que la jonction pourrait se faire sans grands sacrifices pour les travaux qu'y étaient pourtant indispensables.

Le soir, M. Blanchon, M. l'Abbé Mavré et moi, nous nous sommes rendus chez M. l'Abbé F. Dessessarts, où se sont trouvés les autres membres de la Commission Episcopale, à qui j'ai rendu compte de ma visite dans le Prytanée. Alors M. Dessessarts, qui a été tonjours l'ame et le directeur en chef de cette affaire, a décidé ce qui suit :

1°. Que l'exploitation et direction du Prytanée, et aussi le sacrifice des 60,000 francs, exigé pour la liquidation de Fontenay, seraient faits par une association indépendemment d'aucune ingérence immédiate du Prince, et d'aucun sacrifice de sa part.

2°. Que M. Tavares devrait écrire le lendemain à M. Moyne pour lui annoncer cela, et pour lui dire de ne pas l'attendre le jour convenu pour voir la réponse du Prince à la lettre du samedi dernier.

3°. Que ni lui M. Dessessarts, ni aucun des membres de la Commission Episcopale, ne ferait partie de cette association.

4°. Que cette association serait composée de M. l'Abbé Mavré, Directeur-général actuel du Prytanée, de M. le Docteur J. da Silva Tavares, avec le titre de Directeur des études, et de M. Blanchon, avec celui de Administrateur-général du Prytanée.

5°. Que les deux (MM. Mavré et Blanchon) délivreraient à M. Tavares la somme de 60,000 francs pour sa liquidation à Fontenay, comme c'était dit ; et se chargeraient des travaux indiqués par M. Tavares comme indispensables pour effectuer la jonction des deux établissements, &c.

6°. Que la mise de fonds de M. Tavares serait prise sur sa clientèle, et la partie du mobilier qui resterait de sa liquidation, etc.

7°. Que le lendemain on discuterait, et on redigerait le traité entre le Prince et l'Association, dans lequel le Prince n'aurait à jouer que le rôle de propriétaire des batiments et du mobilier existant, et celui de Fondateur et Protecteur de l'établissement. (Je dois remarquer ici que M. Blanchon ne s'est pas très étonné de voir la manière dégagée avec laquelle M. Dessessarts et tous les autres membres de la Commission Episcopale se sont retirés de faire part de l'association, en contradiction de ce qu'il m'avait assuré, et que M. Dessessarts ne m'avait pas nié. J'attribue cela sans doute aux grands encouragements et aux grandes probabilités que M. Dessessarts lui a donnés sur les avantages de l'entreprise, en faisant le parallèle avec d'autres du même genre.)

Le lendemain (25 Juillet) j'ai écrit à M. Moyne

à l'Hotel du Rossignol à Paris, en conformité de ce qui m'avait été ordonné par M. Dessessarts, (M. Moyne au lieu de me répondre, a préféré écrire à M. Blanchon qu'il était étonné du contenu de ma lettre, et en lui demandant des renseignemens à ce sujet,)* et chacun de nous s'est occupé de songer aux clauses du traité entre la société et le Prince. Ce travail ayant été discuté en conférence des associés et de tous les membres de la Commission Episcopale, dans la chambre de M. Dessessarts, celui-ci en a fait faire la redaction ; et un projet de traité, le plus raisonnable qu'on a pu concevoir, a été envoyé à Chimay pour recevoir l'approbation du Prince et de la Princesse, et pour être renvoyé accompagné de la procuration de l'un et de l'autre, pour être fait devant notaire et avec toutes les formalités nécessaires.

Tandis qu'on attendait la réponse du Prince, j'ai prié mes associés de nous occuper très sérieusement de la rédaction de notre traité de société, afin que j'eusse le temps de le soumettre à un homme de-loi très distingué à Paris avant de le légaliser devant le notaire. Ils m'ont répondu que, comme les bases étaient déjà prises, il y avait très peu à faire ; et que l'affaire la plus pressante était celle de trouver 30,000 francs pour compléter les 60,000, qu'ils avaient à me remettre : puisque sans sortir de leurs familles ils n'avaient que 30,000 de disponibles. En effet M. Blanchon s'est occupé de trouver la somme sus-dite par l'entremise de son notaire à Blois M. N....., et ses démarches ont eu le plus heureux résultat; car son notaire lui ayant annoncé l'existence de 30,000 francs dans le dépôt de Blois, appartennans à quelqu'un qui se trouvait à Bordeaux, celui-ci, interrogé par le notaire, lui a répondu courier par courier, que les 30,000 francs se trouvaient à sa disposition aux intérêts de 6%.

* Je n'ai jamais su ni entendu parler de la réponse du Prince à la lettre de M. Moyne,

Cependant, j'attendais avec la plus vive impatience, la réponse du Prince avec le traité approuvé et avec la procuration en forme pour être légalisé par devant notaire. Elle n'a pas tardé ; mais en quoi a t'elle consistée ?.... dans le renvoi du projet du traité tout rempli de notes marginales, les unes à l'encre rouge, les autres à l'encre noire ; toutes contenant de nouvelles conditions, dont celles à l'encre rouge, désignées comme irrévocables, ne pouvaient être interprétées que comme un refus net à toute espèce de traité ; et dans une *procuration passée* à M. Dessessarts pour traiter avec M. Tavares en conformité des notes mentionnées, sans dire un mot de l'association de MM. Mavré et Blanchon, et sans les formalités nécessaires d'une procuration valable !

J'ai fait à l'instant même mes adieux à tous ces Messieurs, en leur disant que pour *traiter* il fallait commencer par avoir des moyens de *traitabilité*, et que je ne les voyais point : et j'étais résolu à partir pour Paris par la première diligence. J'aurai bien fait ; mais je fus encore retenu par l'autorité de M. Dessessarts comme je l'avais déjà été dans mes premiers adieux à Paris. Voici ce qu'il m'a dit en présence de la commission, et qui est dans le fond la même chose que m'avait dit M. Moyne. "Le Prince va céder de ses prétentions à l'encre rouge ; je vous en donne ma parole, et avec tant de certitude et de confiance, que vous pouvez, si vous voulez, partir déjà pour Fontenay pour disposer votre déménagement, comme si vous aviez le traité soussigné dans votre poche ; car je vais lui répéter avec plus d'énergie : "1°. Que
" sans la jonction de Fontenay au Prytanée, c'est fait
" du Prytanée, et que tout le monde s'y attend déjà ;
" puisqu'une partie de sa population l'a déjà abandonné
" dans le courant de l'année, et l'on sait qu'une por-
" tion encore plus grande est décidée a ne pas rentrer
" après les vacances : qu'il ne peut plus compter
" avec assurance, que sur quelques élèves, dont les
" pensions dépassent de très peu leurs frais person-

" nels, et avec lesquels il est impossible de soutenir
" l'établissement.

" 2°. Que s'il ne renonce pas à ses conditions à
" l'encre rouge, l'Association restera tout-à-fait pri-
" vée de moyens d'action pour faire marcher l'en-
" treprise, ayant à débuter par un déboursement de
" 60,000 francs net, pour la liquidation de Fontenay,
" sans parler des travaux indispensables, etc.

" 3°. Qu'il faut que cette jonction soit terminé avant
" la cloiture de l'année scolaire ; afin que la nouvelle
" de votre adjonctiou au Prytanée, étant répandue
" à l'époque, et au moment de la distribution des prix,
" puisse changer les intentions déjà arrétées de plu-
" sieurs familles, de retirer leurs enfants dans les pro-
" chaines vacances. Et pour cela on lui enverra le traité
" déjà tout fait et soussigné par les associés, afin qu'il
" le soussigne avec la Princesse, indépendemment
" d'une nouvelle procuration, celle qu'il a envoyée,
" ne servant à rien comme vous le dites avec raison.

Avant que de ceder à ces raisons, qui m'ont paru
très dignes d'attention étant proférées par M. Dessessarts, je leur ai dit : " Messieurs, je vous prie en
grace de faire attention à ce que la Divine Providence,
par des motifs qu'elle seule connait, a voulu que je
ne sois pas un homme indifférent. J'ai une réputa-
tion très répandue, comme vous le savez ; j'ai à m'a
charge un établissement de première ordre, peuplé de
jeunes gens les plus distingués qu'on puisse attirer
dans une maison d'éducation, et dont j'ai à répondre
à des familles le plus haut placées dans l'ordre
sociale. Je vous ai dit que mes affaires financières
se trouvent très embarrassées, et que je ne puis
perdre un instant pour y songer. Vous savez que
c'est votre nom et votre caractère qui m'ont amené
ici ; vous qui êtes l'élite du clergé de ce diocèse, et qui
agissez au nom d'un prélat, pour moi, le plus vénérable
que je connaisse. Eh bien, Messieurs, voilà déjà *dix
jours* d'écoulés, que j'aurais pu employer à chercher
et à obtenir une association peut-être, (Dieu le sait),

bien plus avantageuse, que celle que vous m'avez
offerte, et pour laquelle vous m'avez arraché de ma
demeure, et voulez me retenir encore ici, sans que je
sache encore si je suis au commencement de la négociation!..des bruits alarmants pour moi sont déjà
répandus à Fontenay à cause de mon absence, que
j'avais annoncée seulement pour trois jours!..Mes-
sieurs, réfléchissez bien sur tout cela, et dites-moi
avec la franchise que ma position, mes circonstances
et votre caractère vous réclament, si je dois rester
encore, ou non..car si vous n'êtes pas sûrs de la con-
descendance du Prince, ou de la validité et de la sûreté
du traité sousseing privé, laissez-moi partir pour voir
si je puis encore ratrapper mon temps perdu : et si vous
en êtes sûr, alors dites-le-moi bien positivement; j'at-
tendrais encore.   Envoyons le plûtot possible le traité
soussigné par les associés comme vous le dites; allons
nous occuper du traité de la société, dont les bases
n'existent que sur parole; parceque je veux le faire
voir à un de mes amis à Paris, avant de le présenter au
notaire : et je ne partirai d'ici qu'avec le traité dans
ma poche, et avec au moins une partie de la somme
d'argent que j'ai à toucher, pour contenter les plus
pressés de mes créanciers."

M. Dessessarts m'a renouvelé sa parole, "que je
" pouvais rester tranquille ; que le Prince soussigne-
" rait le traité, et qu'on n'avait pas besoin d'avoir
" recours ni à *notaire* ni à *conseiller :* parceque cela,
" a-t'il-dit, n'ajoute rien à la validité ni aux garanties
" des acts, nous savons très bien ce que nous avons à
" faire et nous devons éviter tout espèce de pub-
" licité dans nos arrangemens particuliers."

Alors le traité entre l'association et le Prince a été
de nouveau discuté, rédigé, mis au net, soussigné
par les trois associés, et envoyé au Prince, afin qu'il
le renvoya courier par courier revêtu de sa signature et celle de la Princesse qu'y était essentielle. Le
Prince l'ayant reçu, a très bien répondu à l'assurance
que M. Dessessarts m'avait donnée ; puisqu'il l'a ren-

voyé soussigné par lui et par la Princesse; laissant
toutefois un espace en blanc entre les signatures et le
corps du traité, pour y mettre encore une condition
qu'il indiquait, dans le cas que M. Dessessarts put
l'obtenir des associés; ce qui n'a pas eu lieu, d'avis
même de M. Dessessarts.

Il manquait seulement le traité particulier des
trois associés, dont personne n'en parlait jamais ex-
cepté moi; il fallait pourtant s'en occuper, tout le reste
se trouvant terminé. M. Blanchon en a fait un brouillon, qui sentait tellement l'absurde que M. Dessessarts
n'a pas trouvé moyen de le défendre contre mes réflexions. M. Mavré n'a pas voulu s'y mêler. Enfin
moi j'en ai fait un autre; et le 7 Août, nous nous as-
semblâmes tous trois chez M. Blanchon après le
dîner pour le discuter, le rediger, le soumettre le
lendemain à la révision de M. Dessessarts et de la
commission, et enfin le soussigner, et commencer
à agir en conséquence.

Dans ce travail tout s'est passé assez bien jusqu'à la
condition la plus *essentielle*, la plus *sine qua* de tout ce
qui s'était passé, celle des 60,000 francs que M. l'Abbé
Mavré et M. A. Blanchon devaient me compter. Ces
Messieurs se levent l'un après l'autre, et me disent
(sans produire aucune raison d'un changement si
extraordinaire), " qu'ils ne pouvaient me compter
" plus de 30,000 ! et qu'ils me priaient de voir si je
" pouvais m'arranger avec cela, ayant recours pour le
" reste à *mes amis*, ou à quelqu'autre moyen, que je
" puisse en trouver, etc. ! ! !"

Vous pouvez juger, M   quelle a du être ma
surprise en entendant une proposition aussi inattendue
qu'étrange ! et quelles réponses ai-je dû y faire!!! Je
n'en ai omis aucune : mais les *trois semaines de mon
temps* le plus précieux, pour travailler à ma grande
affaire, étaient écoulées!..l'époque de la clôture de
l'année scolaire dans mon établissement, déjà en
retard, ne pouvait plus être retardée..les chefs des
établissemens à qui j'avais l'intention de m'adresser
étaient presqu'en vacances..mes employés, mes élèves

et mes créanciers se trouvaient déjà dans un commencement d'alarme à cause de mon absence, que j'avais annoncée pour trois jours seulement, et je ne savais pas comment le calmer !...D'un autre côté, moi, je ne me trouvais pas assez au courant de ce qu'il faudrait pour ma liquidation, mes livres et les personnes qui pouvaient m'en donner des éclaircissemens, étant à Fontenay! quelle nuit!—"Voyons donc, "je leur ai dit, je ne me coucherai pas cette nuit, " (c'était déjà une heure du matin), je vais voir si je " trouve quelque *possibilité* de me tirer de l'embarras "où vous m'avez jeté !'' Ils sont partis, et moi je me suis livré à toutes les combinaisons possibles des élémens fournis par ma mémoire, et à toutes les conjectures qu'il m'était permis de faire en pareilles circonstances. Le matin je leur ai soumis ce qui suit.

" 1°. Qu'avec 30,000 francs seulement, il me serait " de toute impossibilité d'entreprendre ma liquidation " en homme de bien.

" 2°. Qu'en comptant, I. Sur le plus grand parti "que je pourrais tirer de mon mobilier, II. Sur les " longs délais que je pourrais probablement obténir " de quelques uns de mes créanciers, III. Sur la " réalisation d'une promesse d'un secours extraordi- " naire de 15,000 francs, qui m'avait été annoncée, " quoique faite en faveur de mes circonstances à Fon- " tenay, et pas des nouvelles, et bien différentes, dans " lesquelles j'allais me placer au Prytanée..il serait "*peut-être,* et même avec quelque nuance de probabi- " lité, possible de me tirer d'affaire avec 40,000 francs, " dont 30,000 tout de suite, 5,000 en Octobre pro- " chain, et 5,000 en Janvier 1844. Que, cependant, " attendu que tout cela n'était qu'un possibilité, qui " pouvait très bien manquer, que je réclamerais tou- " jours le crédit de la société pour les autres 20,000 " francs, en cas de besoin.

" 3°. Que pour leur prouver combien j'étais disposé " à faire des sacrifices pour mon honneur, et pour " leur soulagement, je renoncerais à tout' espèce de " bénéfice de la société jusqu'à ce que ces avances

" fussent éteintes en très grande partie ; et même que
" je consentirais à ce que mon traitement fut réduit
" au stricte nécessaire pour satisfaire à mes plus
" irrésistibles besoins." En soumettant à MM.
Mavré et [Blanchon ce triste résultat de ma veille,
ils ne s'en sont pas montrés très mécontens.

Alors nous sommes partis ensemble pour l'Evê-
ché pour le soumettre aussi à M. Dessessarts
et à la commission, à qui nous avions à ra-
conter *deux nouvelles bien effrayantes*, celle du
changement subit et sans motif de la promesse de
MM. Mavré et Blanchon qui avait été la base de toute
la négociation, et celle des *énormes sacrifices*, aux
quels je me résignais pour en éviter de plus fâcheuses
conséquences.

Ni l'une ni l'autre de ces affreuses nouvelles a fait
sur ces Messieurs l'impression à laquelle je devais m'attendre. (M. Dessessarts sans perdre de temps, ni à demander des explications, et à faire dés rémontrances
d'un côté, ni à prodiguer des regrets et de lamentations
de l'autre,) a fait ses réflexions sur la manière d'employer les élémens de mon sus-dit résultat ; on a sous
ses yeux et sous sa direction arrêté la rédaction du
traitée ; M. Blanchon a bien voulu s'en charger, et trois
copies étant faites et soussignées le 9 Août, chacun
des associés en a gardé la sienne, et s'est occupé de
travailler à ce qu'il y avait à faire en conséquence.

Comme je n'ai pas en mon pouvoir mon exemplaire
du traité de société, je mets ici ce que je garde dans
ma mémoire pour la partie matérielle seulement.

M. l'Abbé Mavré.

Mise de fonds. 15,000
Charges.—La haute main sur la direction
    générale.
Profits annuels.—Traitement.................. 1,500
Intéréts de 6% de sa mise................. 900

———————

Total assuré.......................... 2,400
Eventuel.—⅓ des bénéfices.

M. A. Blanchon.

Mise de fonds... 15,000
Charges.—La haute main sur l'administra-
 tion matérielle, et faire une classe de com-
 merce.
Profits annuels.—Traitement................ 1,500
Intérêts de 6% de sa mise...................... 900
                                                                 —————
Totol assuré................................. 2,400
Eventuel.—$\frac{1}{3}$ des bénéfices.

M. Tavares.

Mise de fonds.—Sa clientelle et mobilier.
 (Je ne me rappelle pas s'il y a ou non quelque mot à côté de ce mot *mobilier* qui fasse
 rappeler ce que je viens de dire plus haut).
Charges.—Tout le poids de l'administration
 scolaire et disciplinaire, classes espéciales
 de ses élèves et la haute main sur tout ce
 les concerne.
Profits annuels.—Traitement................ 1,500
Eventuel —$\frac{1}{3}$ des bénéfices.

Voilà, si je ne me trompe pas, le fond et l'essentiel
du traité ; mais, parceque ces Messieurs ont bien
voulu se conformer à mon exigence des 10,000 francs
de plus, et au crédit des 20,000, (qui si j'en profiterais,
produirait une dette personnelle de moi envers la société, et que j'aurais à lui payer), ils ont bien voulu
aussi : 1º. Ceder une partie ($\frac{1}{3}$?..$\frac{2}{3}$?..) de ses bénéfices annuels jusqu'à l'amortissement de 40,000 des
avances que la société (il me semble) me faisait pour
ma liquidation de Fontenay : 2º. Me faire toucher les
10,000 francs, dont 5,000 en Octobre, et 5,000 en
Janvier : 3º. Que moi, je fissse la cession, non seulement de la *totalité* de mon tiers des bénéfices annuels,
s'il y en avait, mais aussi de la *moitié* de mon
traitement annuel (750 francs) : 4º. Que la promesse
du crédit de 20,000 francs, fût accompagnée de la

restriction—*si l'administration ne se trouve pas obérée*—condition, que je n'ai jamais pu comprendre quand il s'agissait d'une *liquidation*, qui ne peut être jamais très élastique, et d'une *administration* qui allait débuter par les frais indispensables d'un commencement d'entreprise."

Vous remarquerez sans doute, M   que sans parler d'autres choses, ma mise de fonds soit déclarée dans ce traité, être *ma clientelle* sans en déclarer *la valeur*, ni dire un mot des intérêts que celle-ci devrait me rapporter par an, en rapport aux intérêts de 6% des mises de mes associés. A cela, je vous réponds : 1°. Que le montant de la recette annuelle que l'administration du Prytanée aurait à faire, pas de ma clientelle, mais seulement des élèves que j'amenerais de Fontenay à Ménars avec moi, montant que tous ces Messieurs ont jugé le plus probable (ils ne se sont pas trompés, ils ont bien jugé ce qui est arrivé) serait de 60,000 francs; dont 30,000 étant jugés nécessaires pour les frais personnels des élèves, (de nourriture, habillement, etc., selon les réglements de Fontenay,) il en resterait les autres 30,000 pour les frais généraux de l'établissement.   2°. Que j'ai eu beau dire à tous ces Messieurs, que cela avait une valeur à être mise en chiffres, et que le chiffre serait d'un capital de 600,000 francs ; et qu'en supposant même, qu'à cause de mon déplacement, le chiffre de mes élèves serait diminué de $\frac{2}{3}$, qu'il resterait encore un capital de 200,000 francs pour mettre en rapport avec la mise ou plutot *prêt* de 15,000 de mes associés, puisqu'ils devront encore le rembourser sur les bénéfices !.....J'ai eu beau dire cela, avec tous les développemens dont j'étais capable ; mais M. Dessessarts s'y est opposé, en faisant des raisonnements, que je n'ai pas pu bien saisir, mais qui ont paru très moraux, très légaux et très concluants à tous ces Messieurs. Je ne pouvais oser de me dire ni meilleur connaisseur, ni plus zélé défenseur de la morale, ou des dispositions de la loi sur les contrats devant des ecclésiastiques, si respectables et si haut placés....je n'avais plus le temps d'entendre d'autres personnes... le moment de jouer ma dernière carte pour pouvoir répondre à la confiance dont vous m'avez honoré, était arrivé.....il fallait finir!....ainsi le traité s'est fait comme il se trouve : mais je suis très-certain que M. Dessessarts et tous les autres membres de la Commission Episcopale, et M. Mavré, Directeur-général et ecclésiastique distingué, ne se refuseront jamais à donner toutes les explications nécessaires sur tout cela ; moi ne me pouvant charger que de faire le récit sincère et exact de tout ce qui s'est passé.

Alors je suis parti immédiatement (le 10 Août), pour Fontenay, pour faire la clôture de l'année scolaire dans mon établissement, annoncer à mes employés, à mes élèves et à leurs parens, mon changement de domicile, en me conservant toujours le chef de mes élèves, et ceux-ci soumis aux mêmes réglements, etc.

Le changement des élèves et du personnel, qui m'a accompagné pour Ménars, a eu lieu le 16 Septembre ; et je fus obligé à le faire précéder de la partie de mon mobilier (de literie, lingerie, chambre, vaisselle, lamperie) correspondante à leur logement et à leur bien être ; parceque dans le Prytanée, dans l'état où je l'ai trouvé, on avait besoin de tout cela, sans qu'on ne pût s'en passer. Au défaut de cette nécessité, je l'aurais conservée à Fontenay pour en disposer selon les besoins de ma liquidation.

Avec les sommes que MM. Mavré et Blanchon m'ont fait toucher à différentes reprises, j'ai payé les créanciers les plus pressants, en payant d'autres avec des billets à ordre au fur et à mesure que j'avançais dans la connaissance des différens articles de ma liquidation. Et lorsque, au milieu même des grandes affaires qui m'accablaient de toute façon, je me suis apperçu qu'il ne me serait guère possible d'obtenir de mes créanciers, tous les delais désirables et compatibles avec mon honneur, et en suite avec les intérêts du Prytanée ; et que le montant de ma liquidation ne s'é-

carterait peut-être pas beaucoup du point élevé pour
lequel j'avais pris mes mesures dès le premier mot
que j'ai dit au commencement de la négociation, j'en
ai prévenu à l'instant même mes associés (à dater du
22 Septembre environ), en leur disant :

1°. Que j'aurais besoin de toucher au mois d'Octobre non seulement les 5,000 convenus pour ce mois,
mais aussi les 5,000 francs du mois de Janvier.

2°. Que l'espoir du secours des 15,000 francs s'était
évanoui, etc.

3°. Que je me trouvais très embarrassé pour obtenir les délais désirables, et que probablement j'aurais
besoin du secours du crédit de 20,000 francs, etc.

Ces annonces, (que je leur ai répétés encore dans
le courant du mois d'Octobre), quoique bien d'accord
avec tout ce qu'ils m'avaient toujours entendu dire,
ont donné de l'inquiétude à mes associés ; et deux
mesures ont été prises en conséquence, toutes les
deux vers le commencement de mois de Novembre.
La 1ère a été une réforme, et une réduction dans les
soins des élèves, et surtout dans la qualité et la quan-
tité de la nourriture, qui sentait trop l'ancien régime,
et qui a excité un cri générale de la part des élèves,
professeurs et employés, que j'ai pourtant pu calmer
en donnant des ordres très positives, et qui ont été
exécutés sans aucune résistance. La 2de a été
que MM. Mavré et Blanchon, dans le commencement du mois de Novembre, allant tous les deux à
Paris, ils se sont rendus à Fontenay où se trouvait le
très-digne et très-honorable M. Dalmau de Baker,
gardant la maison et les meubles, et travaillant avec
un zèle et avec une intelligence et probité, dignes
seulement de lui, sur le sujet de la liquidation ; et ils
se sont proposés d'enlever brusquement tout ce qu'il
y avait de meubles et d'objets de plus grande valeur.
Cette manière d'agir a excité un peu de crainte parmi
les créanciers témoins, voyant qu'on leur enlevait leur
garantie ; et il a fallu à M. Blanchon de payer quel-

ques-uns et de parler avec d'autres, pour ;pouvoir réaliser le transport comme il l'a fait.

A cette occasion je n'ai pu m'empêcher d'observer à mes associés que je reconnaissais très bien que le Prytanée avait un très grand besoin de tous ces meubles et objets, pour pouvoir se présenter convenablement ; mais qu'ils devaient aussi reconnaître que ces meubles et objets étaient une garantie de ma liquidation : et que la manière dont ils les avaient enlevés, ayant eu l'air de ce qu'ils voulaient les sauver d'une saisie, pouvait faire soupçonner qu'ils voulaient jouer envers moi, plutôt le rôle de créanciers que d'associés. Enfin, qu'il fallait bien nous entendre sur la liquidation de Fontenay; que j'avais des billets à payer, aux mois de Janvier et de Février, comme ils en étaient déjà avertis; et que j'aurais besoin d'y appliquer une grande partie du montant des notes de mes élèves à échoir le 1er Janvier : qu'il fallait compter sur d'autres aux mois d'Avril, Juillet et Octobre et mettre tout au net, puisqu'on possédait déjà, graces au zèle de M. Dalmau, tous les élémens nécessaires pour connaître au juste tout ce qui concernait la liquidation, etc.

A cette très-franche et très-décidée déclaration, ils m'ont répondu :

1º Qu'ils m'avaient déjà donné pour ma liquidation plusqu'ils ne s'étaient engagés ; puisque au-delà des sommes partielles que j'avais reçues de leurs mains, et qui montaient à 30,000 francs ou au-delà, que j'avais disposé du montant des notes trimestrielles de mes élèves échues le 1er Octobre, qui s'élevait bien au-delà (de 3 à 4,000 francs) de deux fois 5,000 francs des mois d'Octobre et Janvier, selon la convention.

2º. Que les engagemens de l'administration du Prytanée, ne leur permettaient pas de renoncer encore au recouvrement du montant des notes de Janvier des élèves de Fontenay sur lequel elle avait compté, etc.

3º. Que je devais *m'adresser à mes amis* pour qu'ils vinsent à mon secours pour compléter ma liquidation.

Je leur ai répondu :

" 1°. Qu'il était vrai que j'avais déjà touché plus
" de 40,000 francs ; mais qu'il était aussi bien vrai
" que cette somme n'était pas assez pour finir une
" liquidation pour laquelle j'avais pris une latitude
" de 80 à 90,000 francs ; et que, d'un autre côté, à
" cause de la *presque nudité* du Prytanée en fait de
" meubles et des objets indispensables à la tenue
" d'une maison comme il faut, je n'avais pas encore
" tiré presqu'aucun parti de mon mobilier, qui devrait
" m'aider à ma liquidation.

" 2°. Que dans les circonstances où je me trouvais
" il m'était impossible de *m'adresser à mes amis* à
" moins que cela ne fût pour *leur demander l'aumône*
" *pour le Prytanée* ; car, ayant donné au Prytanée
" tout ce que je possédais de matériel, de morale,
" d'intellectuel, c'est lui qui doit être mon premier
" ami ; puisque c'est pour lui que je travaille jour et
" nuit, c'est à moi qu'il doit sa nouvelle forme ; et,
" c'est lui qui est en possession de toutes les cautions
" et garanties que je pourrais offrir à mes autres amis :
" et par conséquent, si l'administration se trouve
" en souffrance, mon avis serait de prendre un des
" partis suivans :

" 1°. S'adresser au Prince, qui par ses qualités de
" fondateur, protecteur et propriétaire de l'établisse-
" ment, d'avoir des intérêts matériels dans le même
" établissement, d'avoir été disposé au commencement
" à faire des sacrifices (sans quoi M. Blanchon ne se
" serait point présenté à Fontenay), et d'être aussi,
" riche qu'il l'est, ne doutera point un instant de
" venir au secours d'une administration qui soutient
" son œuvre aux plus favorables conditions.

" Mais si vous craignez de l'aborder, le croyant
" fâché de ce qu'on l'ait forcé à renoncer à quel-
" ques-unes de ses conditions dans le traité, sous
" le prétexte du déboursé de 60,000 francs ; et de
" ce qu'on ne les a pas retablies, lorsque ce debours a

" été diminué à cause du manque de votre promesse,
" alors on pourra;

" 2°. Chercher un quatrième associé qui entre avec
" de nouveaux fonds; ou

" 3°. Chercher un troisième associé qui me rem-
" place en prennant mon mobilier pour garantie de
" ses fonds; moi passant en réalité à la qualité d'un
" simple employé avec un traitement très-modique,
" mais avec le droit de reprendre ma place, lorsque
" le nouveau entré puisse être remboursé de ses fonds
" et des intérêts convenus.

" 4°. Faire un emprunt, qui pourra peut-être en-
" core se réaliser sur les 30,000 francs de la per-
" sonne de Bordeaux, que vous aviez eu à votre dis-
" position pour remplir votre promesse de 60,000
" francs.

Aucun de ces avis n'a plu à mes associés. Ils
ont toujours insisté que je devais *m'adresser à mes
amis*, ou *m'entendre avec mes créanciers* pour en obtenir des délais de paiement, en prenant *sur moi seul*
l'accomplissement des promesses que je leur aurais
faites; et parce que j'avais payé déjà (nous étions au
18 Janvier) quelques billets avec des avances (de 3 à
4,000 francs) prises sur les notes en question, ils ont
regardé cela comme un très grand attentat.

En voyant cela, je leur ai dit : "Messieurs, vous
êtes bien au courant de ma position; vous savez
maintenant bien à peu près ce qu'il faut pour ma liquidation; que celle-ci ne dépasse pas les bornes de
ce que je vous ai toujours dit; et qu'elle se trouve
facilitée par son partage dans les quatres époques des
recouvremens de l'administration du Prytanée, de
Janvier, Avril, Juillet et Octobre, dans lesquelles la
recette des notes de mes élèves met l'administration
bien à son aise. Vous savez que moi, *je me suis déjà
dépouillé* en faveur de ma liquidation, des plus insig-
nifians objets personnels qui ont pu représenter quelque valeur....que *je n'ai plus rien!*..Vous savez que
le Prytanée est en possession de toutes mes res-

sources pour traiter de quelque manière que ce soit
avec mes créanciers..donc, si la Prytanée ne *peut*,
ou ne *veut* pas m'accorder les moyens de terminer ma
liquidation en homme d'honneur, soit à titre du
credit de 20,000 francs mentionné dans le traité, soit
à titre de la valeur de mon mobilier, soit à quelqu'autre titre que vous voudrez....vous comprenez
bien que j'aurai à m'absenter pour éviter les suites
d'un tel malheur; et vous devez prévoir qu'elles en
seront les conséquences pour le Prytanée. Il n'y a
point de temps à perdre pour prendre un parti sur
le paiement des billets à échoir le 25 et le 31 Janvier,
et les 1 et 15 Février (9,323 frs. 15 cents.) : qu'ils
soient payés, et nous aurons assez de temps pour
réfléchir sur ce qu'on peut faire à l'égard des autres
billets d'Avril (de 7,226f. 10c.), de Juillet (1,818f. 50c.)
d'Octobre (2,000), et des dettes libres dont le montant (10,000 francs ?) quoique ne soit pas encore bien
mis au net, je puis vous assurer qu'il n'est pressant
d'être payé que dans une petite partie. Je ne vous
parle plus ni des *conditions* ni de la *moralité* de notre
traité; je vous parle seulement du *malheur* qui m'est
imminent et qui vous menace également. Enfin, si
*vous êtes convaincus de ce que nous ne pouvons plus
marcher, alors tâchons de fermer l'établissement en
hommes malheureux, mais toujours en hommes d'honneur.* Je me résignerais bien à être *moi seul, le malheureux*, mais je tiens pour impossible que mon malheur n'entraine pas le vôtre ; car vous savez bien que
ma clientelle et mes élèves ne tient pas au Prytanée
par *aucun contrat*, mais seulement par ma *présence* :
donc, si je suis forcé à m'absenter, ils ne *me suivront
point*, parceque je n'aurais plus *moyen de les garder*,
ayant *tout laissé dans le Prytanée ;* mais ils ne *resteront
pas non plus au Prytanée*, par *les raisons* que vous
savez aussi bien que moi, et qui vous ont engagé à
m'attirer ici. Ne vous laissez pas tromper en croyant que le défaut de ma présence au Prytanée *à
cause de billets protestés* puisse être regardé par ma

clientelle, par mon personnel, par mes amis et par tout le monde, comme il le serait en cas de *mort* ou de *maladie prolongée;* car dans ces deux derniers cas, qui sont déjà prévus, le Prytanée n'aurait que très peu à perdre, restant toujours censé sous ma direction, tandis qu'on n'aurait point de preuves au contraire; mais dans le 1er cas, arrivé tout au commencement de notre nouvelle organisation, où il *n'y a encore presque rien d'assis, mais presque tout à faire,* je vous prédis que tous vos sacrifices seront perdus, et vous serez jetés dans un labyrinthe, d'où vous sortirez avec peine en hommes *seulement malheureux.''*

A partir du moment de cette déclaration (vers le 18 Janvier dernier), je me suis trouvé environné d'un nuage mystérieux. Point de connexion, point de suite ni dans ce qu'on me disait, ni dans ce qu'on me demandait.—Vos billets seront payés—vos billets ne seront pas payés :—l'administration a besoin du montant de toutes vos notes—l'administration n'a besoin que d'une partie :—Le Prince vient au secours de l'administration—le Prince s'y refuse net :—Votre absence sera mortelle pour le Prytanée—votre absence sera indifférente pour le Prytanée, parceque vos élèves se trouvant déjà ici, dirigés par vos réglemens de Fontenay, avec les mêmes professeurs et dans les mêmes meubles, ne pourront pas se trouver mieux partout ailleurs; et leurs parens et correspondans auront tous les égards possibles pour les sacrifices que nous avons faits pour les attirer ici :—M. E. Mavré de Paris, veut se charger de traiter avec vos créanciers, si vous lui écriviez une lettre bien expressive de la difficulté de vos circonstances—M. E. Mavré reçoit ma lettre et répond qu'il ne peut pas ; et le lendemain il écrit à M. Blanchon qu'il pourra le faire.—On me demande un reçu de 15000 frs. (à déduire bien entendu sur les sommes que j'avais touchées) pour prix de vente d'une partie de mon mobilier à MM. Blanchon et Abbé Mavré, mentionnée dans une liste triple (qui est encore à faire), en disant qu'il serait très utile à M. E. Mavré pour arranger les affaires avec mes créanciers :—je me refuse à le passer comme contraire aux intérêts de mes créanciers, qui avaient un droit espécial sur mes meubles et par la *priorité* de leurs créances, et par le *privilège* de leurs billets.—On me cite l'avis et l'autorité de M. Dessessarts, et de la Commission Épiscopale en faveur du reçu :—je pars pour Blois avec M. Blanchon pour exposer mes doutes à M. Dessessarts :—nous le trouvâmes à sept heures du soir (le 19 Janvier) dans la Maison de la Providence ;—M. Dessessarts écoute très attentivement mon raisonnement, que j'avais mis par écrit, et il me répond " que je devais le passer " *pour le bien* sans le moindre scrupule de cons-" cience ; et qu'il me donnerait par écrit, comme je " lui demandais, l'assurance de ce qu'il le jugeait " ainsi, pour que je puisse le montrer à qui je vou-" drais : et que tous les autres membres de la com-" mission étaient du même avis ; qu'il en répondait " etc." Sur cette décision de la 1ère autorité de nos affaires, j'ai passé le reçu de 15,000 francs, (mais je *n'ai pas soussigné la liste triple*, à laquelle il se rapporte, et qui doit désigner les objets vendus par le prix du reçu).—On m'a parlé encore d'autres reçus, que je n'ai pas bien compris, ni passés :—on me demande sous un prétexte *peu satisfaisant* mon exemplaire du traité de notre association pour y voir quelque chose, et, *sans aucun*, on ne me l'a plus rendu.—On me dit que M. Blanchon devrait m'accompagner à Paris pour être présenté par moi aux correspondans des élèves de Fontenay—On me dit que M. Blanchon ne devrait pas le faire.—M. Blanchon me demande, pour *un instant*, les notes de mes élèves déjà soussignées par moi, pour faire un calcul qui était déjà fait,—et il ne me les rend plus—Enfin il me demande aussi et prend note des noms des correspondans de chacun de mes élèves—il m'assure qu'il m'accompagnera pour Paris le 22 au soir :—mais il part pour Blois, et le 23 à midi il n'était pas encore de retour à Menars !

Ne pouvant donc rien comprendre à ces démarches, et ne pouvant plus retarder mon départ pour Paris, puisque il fallait savoir à quoi m'en tenir pour le 25, jour de l'échéance de mes premiers billets. j'ai pris la diligence pour Paris à midi précis, bien ferme dans l'idée d'y trouver déjà M. Blanchon. En partant, M. l'abbé Mavré m'a remis une lettre pour son f. ère, M. E. Mavré, Avoué, Rue de la Monnaie, No. 19, dont le sujet, m'a-t-il dit, était de lui annoncer qu'il venait de recevoir à l'instant une lettre du Prince qui l'assurait de venir au secours de l'administration, et que mes billets allaient être payés par le produit des notes de mes élèves, rien n'étant plus naturel que de payer la liquidation de Fontenay avec les revenus que Fontenay avait apportés au Prytanée. Je suis arrivé à Paris vers 10 heures du soir, et j'ai remis la lettre au portier de M. E. Mavré lui étant sorti.

Le lendemain je suis allé trouver M. E. Mavré, qui m'a dit n'avoir pas de nouvelles de M. Blanchon. Il m'a reçu très froidement, et au lieu de me faire sentir en ses propos les effets du contenu de la lettre que je lui avais apportée de Ménars, il s'est empressé de me faire croire qu'*avoir des billets protestés* n'était pas une chose ni déshonorante pour moi, ni dangereuse pour le Prytanée ; et aussi de me faire une invitation, qui m'a paru très-mystérieuse, pour me rendre chez lui à 5 heures pour une conférence, dans laquelle se trouverait sans faute M. Blanchon.

Dans ces circonstances, voyant que je ne pouvais pas bien *reconnaître le terrain* sur lequel j'avais à marcher, j'ai pris le parti d'envoyer à mon très-digne et très-honorable ami 'M. J. P. Aillaud, Quai Voltaire No. 11, une *procuration* pour qu'il "eût la complai-"sance de toucher le montant des notes, que M. "Blanchon lui présenterait soussignées par moi, et "de l'appliquer au paiement des billets à ordre, qui "lui seraient présentés le 25 et le 31 Janvier, et le " 1er et 15 Février, en délivrant le reste à M. Blan-"chon." Cela fait, j'ai écrit à M. E. Mavré en lui

communicant le brouillon de cette procuration, et
en le priant de ne pas m'attendre pour la conférence
de 5 heures, à cause des affaires très graves qui me
priveraient de l'honneur de le voir pendant quelques
jours. A 5 heures précises j'ai pris le chemin de
Londres.

Par cette manière d'agir, vous voyez M.

1°. Que j'ai mis entre les mains de M. Blanchon,
le *choix du paiement* ou *non paiement* des billets de
la liquidation de Fontenay avec une récette qui ap-
partenait, *peut-être** déjà, il est vrai, à l'administration du Prytanée selon le traité, mais qui était une
récette apportée par Fontenay à l'administration du
Prytanée, possesseur de mon *mobilier* (qui n'était pas
encore *libre* de ma liquidation) et de " toutes mes
" ressources, qu'il a bien *acceptées en sachant toutes
" mes charges* aussi bien que moi.

2°. Que j'ai montré de la manière qui m'a été possible " aux propriétaires et porteurs des billets que
" je ne les avais pas oubliés."

3°. Que je me suis mis à même de pouvoir déchif-
frer sans aucun danger les mystères dont je me trouvais environné en France, et de prendre librement,
après le choix que M. Blanchon aurait fait de payer
ou de ne pas payer les billets, le parti le plus conforme
à mes devoirs envers mes créanciers et envers le
Prytanée, et toujours d'accord avec mes associés.
Et vous comprenez bien, M., que si, les billets auraient été payés, je serais à l'instant même parti
pour Paris, pour traiter avec mes associés, des dispositions pour l'avenir, en combinant les élémens

---

* Je dis *peut être*, parce que je ne sais pas quel usage mes
associés prétendent faire du reçu de 15,000 qui ne peut toutefois beaucoup signifier sans la liste des meubles et objets vendus qu'il suppose très-explicitement, et qui n'est pas encore
faite. Et je ne sais pas non plus quel a été le total au juste
des sommes que j'ai touchées, tous mes régistres se trouvant à
Menars, moi n'ayant pris aucune disposition pour venir à
Londres ; et n'ayant ici que mon sac de nuit, avec ce qu'il me
fallait pour rester, jusqu'à huit jours, à Paris.

que nous possédions, et en attendant ceux que le temps pourraient nous fournir. Et de même que, si les billets n'étant pas payés, mes associés m'auraient proposé un moyen raisonnable, juste et practicable pour me rendre convenablement à mon ancien poste, (que ce fût avec les plus forts sacrifices de ma part) je m'y serais déjà rendu*. C'est pour attendre cela que j'ai jusqu'ici gardé le silence *le plus rigoureux*, puisque je n'ai pas encore dit à personne à Londres, ni en dehors de Londres, le motif de mon voyage.† Maintenant faites attention à ce qui s'est passé.

Le 25 M. Blanchon s'est présenté chez M. Aillaud, avec les notes. Il lui dit, "permettez-moi que j'aille " toucher l'argent de ces notes; je vous l'apporterai à " 2 heures pour payer les billets." Il est parti et il n'est plus reparu; mais il a écrit à M. Aillaud le soir en le priant d'envoyer chez M. E. Mavré les porteurs des billets, et *il ne les a pas payés*. Il est allé trouver aussi un des correspondans des élèves, il a touché un reste qu'il devait, et il lui dit : les billets sont payés avec un argent que mon cousin a pu arranger...Il m'écrit le 25 même, me croyant à Paris, en me faisant des reproches sur mon absence, et en me disant qu'il avait 4000 francs à ma disposition, mais qu'il fallait nous communiquer avant midi du lendemain.

Le 27, en sachant déjà que j'étais à Londres, il m'écrivit en me priant " de me mettre en communi- " cation avec lui, puisque tout s'arrangerait encore:"

---

* Lorsque j'ai su que les billets n'avaient pas été payés, j'ai donné autorisation à M. Aillaud pour pouvoir toucher le montant des notes et le remettre en entier à M. Blanchon sans aucune restriction; puisque je n'ai jamais voulu disposer de ce qui appartient à l'administration, contre le consentement des associés.

† Il est donc bien évident que mon voyage à Londres n'a pas été une *fuite*, ni un *acte d'hostilité* contre mes associés, ou contre l'établissement; mais une *mesure sage* pour les engager ou à *éviter* un malheur, ou à *l'avouer* sans rougir.

mais sans me dire ni de *quelle manière,* ni rien de ce qui s'était passé avec les porteurs et propriétaires des billets. En même temps (le 3 Février) je reçois une lettre de M. l'abbé Mavré, en me disant qu'il " ne " se mêlait pas de ces affaires, ayant tout commis à " ses frères et à M. Blanchon ; et en ajoutant aussi " que le Prince ne venait pas au secours de l'admi- nistration."

Ne pouvant donc bien comprendre " ce que voulait " faire Mr. Blanchon, n'ayant rien à attendre du côté " de M. l'abbé Mavré, et voyant clair comme le jour " que, si l'affaire des billets ne s'arrangeait pas au " plutôt, tout serait perdu pour mon retour à mon " poste," j'ai pris, pour gagner du temps, le parti (tout en attendant quelque chose de faisable du côté de M. Blanchon) de m'adresser à M. l'abbé F. Des- sessarts comme président de la commission Episco- pale, protecteur, directeur, et l'auteur de tout ce qui s'était passé, et surtout chargé de secourir les associés de ses conseils, en lui exposant " ma posi- " tion, et mon avis pour pouvoir en sortir ; et en le " priant de me faire une réponse, pour savoir ce que " j'avais à faire, nécessairement dans le courant du " mois de Février, qui était le terme le plus large que " je pouvais concevoir pour garder un silence, qui " pourrait être très-mal interprété contre mon hon- " neur, et causer à lui seul ma ruine et celle du " Prytanée."

J'ai attendu jusqu'à ce moment (le 6 Mars), avec la plus vive impatience la réponse de M. Dessessarts, ou de quelqu'un des membres de la commission, m'étant adressée à tous. Elle n'est pas encore ar- rivée…. et je dois croire qu'elle n'arrivera jamais.

Quant à M. Blanchon, je n'ai rien obtenu non plus. Il m'a demandé de me mettre en communication avec lui, et j'ai été toujours en communication avec lui ; il m'a toujours dit que l'affaire pouvait encore s'arran- ger, je lui ai toujours répondu que je le voulais bien malgré tous les sacrifices que je pusse encore faire pour cela, pourvu qu'ils fussent d'accord avec ma conscience et mon honneur, et avec les intérêts de mes créanciers et du Prytanée ; et que je le priais de me dire ce que j'avais à faire. Il m'a dit enfin dans sa lettre du 7 Février que je devrais envoyer pour Paris une *procuration en blanc*, et que tout s'arrangerait encore. Je l'ai prié de m'envoyer le brouillon de la procuration demandée, puisque je pouvais très bien l'écrire intégralement sans m'enfoncer dans le brouillard affreux d'une *procuration en blanc*. Voilà près d'un mois d'écoulé, et le brouillon n'est pas encore arrivé.

———

Voilà, M   le récit sincère de tout ce qui s'est passé jusqu'à ce moment, et que j'ai l'honneur de vous soumettre pour vous instruire "et de ma posi-" "tion, et de la cause de mon silence;" et je vous prie, en grace, de le lire avec patience, et de porter votre attention plus espécialement sur les points suivans.

I. Que je n'ai point entamé aucune négociation pour me déplacer de l'endroit où vous m'avez honoré de votre confiance, si non avec la condition très explicitement déclarée, et incessamment répétée par moi, et très explicitement acceptée, et incessamment reconnue par des personnes les *plus capables d'inspirer une confiance entière à un étranger en France*, d'avoir à ma disposition, pour ma liquidation, de 80,000 à 90,000 francs.*

II. Que c'était seulement après que cette promesse avait produit en faveur des associés un sacrifice de *premier ordre* du côté des intérêts du Prince propriétaire dans son traité avec l'association ; et après que je me suis trouvé privé et dépouillé du temps le plus précieux, dont je pouvais disposer pour me tirer de mon embarras, et que j'avais toujours proclamé tel.. que M. l'Abbé Mavré et M. Blanchon, sans produire

* Si après avoir payé environ cette somme j'aurais demandé à l'administration du Prytanée plus de ressources pour un reste de ma liquidation, elle aurait bien de quoi m'accuser, et je trouverais bien à propos qu'elle me renvoyât *à mes amis*.

un *motif inattendu ou subitement survenu,* m'ont dit qu'ils ne pouvaient tenir leur promesse. (M. l'Abbé Mavré m'a dit ce qu'il avait dit dès le commencement, que c'étaient ses frères qui lui fourniraient les fonds ;—mais ses frères avaient été à Menars et à Blois du temps de la négociation, et ne se sont jamais déclarés devant moi contre les 60,000 francs. M. Blanchon a dit qu'il était un homme marié avec trois enfans, et qu'il croyait ne devoir risquer plus de 15,000 francs ;—mais il est marié depuis six ou sept ans.)

III. Que ce n'a pas été sans de très raisonnables motifs que j'ai présenté à ces Messieurs une *possibilité* de pouvoir me passer de la totalité de leur promesse, et que j'ai soussigné un traité qui renferme la *preuve la plus incontestable* de mon *dévouement* pour gagner "la cause de mes créanciers menacés, et du Prytanée "mourant, par *l'abnégation complète*" que j'ai faite, et qu'ils ont acceptée, de tout' espèce d'intérêt matériel.

IV. Que, si j'ai reçu plus des 40,000 francs mentionnés dans le traité, il y a encore le *mobilier,* et tous les autres objets transportés de Fontenay à Menars, qui ont une valeur absolu considérable, (sans parler de la valeur rélative qui est très considérable) comme vous pourrez le voir, par la liste que je mettrai à votre disposition, et encore mieux si vous les voyez en place, partout où ils ont été "néces- "saires et indispensables" dans le Prytanée : et que ce mobilier et objets sont assujettis à la liquidation de Fontenay, après que la décision sera prise sur ce que doit signifier et valoir le reçu de 15,000 francs que j'ai passé sous la *direction et responsabilité* de M. l'Abbé F. Dessessarts.

V. Que, si j'ai disposé d'une petite somme du montant des notes du trimestre de Janvier, pour payer les billets du 6 et 15, sans prévenir l'administration en forme, c'est parceque j'ai cru que celle-ci ne serait pas indisposée contre la liquidation de Fontenay jusqu'au point de trouver une faute impardonnable, dans ce que, moi, membre de l'administration, et qui ai apporté à l'administration une recette annuelle, qui représente peut-être le double de ce qu'elle avait sans moi, eusse disposé de cette petite somme, pour être appliquée à la sauver des embarras, où il me semble qu'elle se trouve plongée maintenant.

VI. Qu'en vertu des circonstances dans lesquelles m'ont jeté le *choix* de M. Blanchon, la *retraite* des affaires de M. l'Abbé Mavré et *l'abandon* de M. Dessessarts, je dois faire, comme je le fais, mes adieux au Prytanée pour *toujours*, et à la France, au moins pour quelque temps. Car ayant des billets protestés et d'autres dettes, et n'ayant d'autres ressources (au-delà de celles dont le Prytanée est en possession), que les *personnelles*, qui ne peuvent produire qu'avec le temps, je ne puis me rendre en France sans courir un grand danger, très désagréable pour moi, et parfaitement *inutile* pour mes créanciers. Et cette ma condition ne peut pas changer par un *convenio* avec mes créanciers, par lequel ils m'accorraient toutes les remises et tous les délais imaginables : car, par le fait tout simple de me présenter banqueroutier, ma clientelle *est déjà perdue* sans ressource ; et le Prytanée n'aurait qu'à perdre beaucoup si, après avoir perdu ma clientelle, il garderait encore un banqueroutier étranger à sa tête. "Toutes les promesses "donc, et tous les espoirs que j'aurais à vous faire "en retournant de cette manière au Prytanée, se-"raient *trompeuses* et *indignes* de moi. Je ne les "ferai donc pas."

VII. Que je ne suis pas insensible aux maux de mes associés, que je regarde comme une conséquence nécessaire du parti que je suis forcé de prendre. Je les ai prévus, je les ai expliqués à mes associés, et vous voyez que j'ai fait tout ce que j'ai pu pour les écarter. J'en suis désolé ! mais il est vrai que, si mes associés deviennent pour cela malheureux avec moi, je suis tout-à-fait innocent à cet égard ; car leur malheur, ne sera que la suite d'autres malheurs dont je ne suis pas coupable de tout ; savoir :

1º. Que le Prince et M. Dessessarts ne pussent réaliser ce qu'ils avaient promis à M. Blanchon.

2º. Que MM. Mavré et Blanchon n'aient bien reconnu leurs forces en rapport à l'accomplissement de leur promesse " que trop tard et très hors de propòs."

3º. Que dans un moment de crise, que mes associés ont jugé telle, pas une seule des hauts personnages qui ont le Prytanée sous leur patronage consigné par écrit, ne se trouve point en position de pouvoir secourir ni l'administration en général, ni *l'étranger arraché* de ses foyers par des promesses aussi positives que mal accomplies, ni même M. Blanchon *leur négociateur*, et qui, après moi, se trouve le plus compromis ;....en faisant mettre en action soit la valeur de mes meubles qui parent le Prytanée, soit le montant du crédit de 20,000, qui s'annonce dans le traité (et qui malgré les restrictions qui l'accompagnent, ne laisse pas pour cela de bien prouver que tous les signataires et directeurs du traité reconnaissaient les besoins de la liquidation de Fontenay, et qu'on devait compter sur un grand malheur s'il y avait une vraie et absolue impossibilité de remplir au besoin ce qu'on m'avait promis dès le commencement jusqu'à la fin,) soit de quelqu'autre manière qui puisse prouver leur noble patronage ! ! !

VIII.—Que moi, le 18 Juillet 1844, je me trouvais, il est vrai, fort *embarrassé* et *obéré* comme j'ai déclaré à tous ces Messieurs..mais j'étais encore le *propriétaire* et le *chef* d'un établissement de premier ordre, *parfaitement monté* sous tous les rapports, avec une des *plus brillantes clientelles* qu'on a jamais vues, garantie par la présence *de plus de 70 élèves* des premières familles étrangères et françaises ! j'avais encore *tout le temps* nécessaire pour faire valoir tout cela, non seulement *en votre faveur*, mais en celui des intérêts de l'éducation publique ! !

Me voilà donc, Monsieur, réduit à mes ressources personnelles. Je vais m'occuper de voir quel parti j'en pourrai tirer, et je vous en ferai part ; en vous assurant dès ce moment que, tandis que je serai débiteur d'un sou, je ne garderai pour moi que le stricte nécessaire pour ma nourriture très frugale, et mon habillement le plus modeste. Le reste appartiendra à mes créanciers. Mes ennemis, si j'en ai, n'oseront pas nier que je possède ce caractère. J'espère dans la Providence.

Agréez, Monsieur,

L'assurance de ma considération la plus distinguée

N.B.—Si vous voulez m'honorer de votre réponse, je vous prie de la faire déposer chez M. J. P. Aillaud, Quai Voltaire, No. 11, qui me la fera parvenir sans frais, mes circonstances ne me permettant pas de recevoir des lettres par la poste.

Londres, le 6 Mars, 1844.

POST-SCRIPTUM.

M. l'Abbé L. Mavré vient de me faire demander une procuration pour faire en règle la dissolution de la société, se prononçant de cette manière contre tout' espèce d'arrangement pour nos affaires. Au lieu de cette procuration demandée, je viens d'envoyer une de pleins pouvoirs à M. E. Montalant, mon ancien propriétaire et mon principal créancier, demeurant à Fontenay-aux-Roses, pour qu'il puisse tirer en sa faveur, et en celle de tous mes autres créanciers, tout le parti que la loi pourra m'accorder dans les circonstances que je viens d'avoir l'honneur de vous exposer dans la lettre circulaire ci-dessus, sur laquelle je pourrai encore donner beaucoup d'éclaircissemens.

Londres, ce 10 Mars 1844.